JUMIÉGES

LE VILLAGE — L'ABBAYE — LES RUINES

PAR

L'ABBÉ A. TOUGARD

Professeur de Troisième au Petit-Séminaire du Diocèse de Rouen,
Membre de la Commission départementale des Antiquités,
Officier d'Académie, Docteur ès-Lettres.

ROUEN

IMPRIMERIE E. CAGNIARD, 88, RUE JEANNE-D'ARC

—

1879

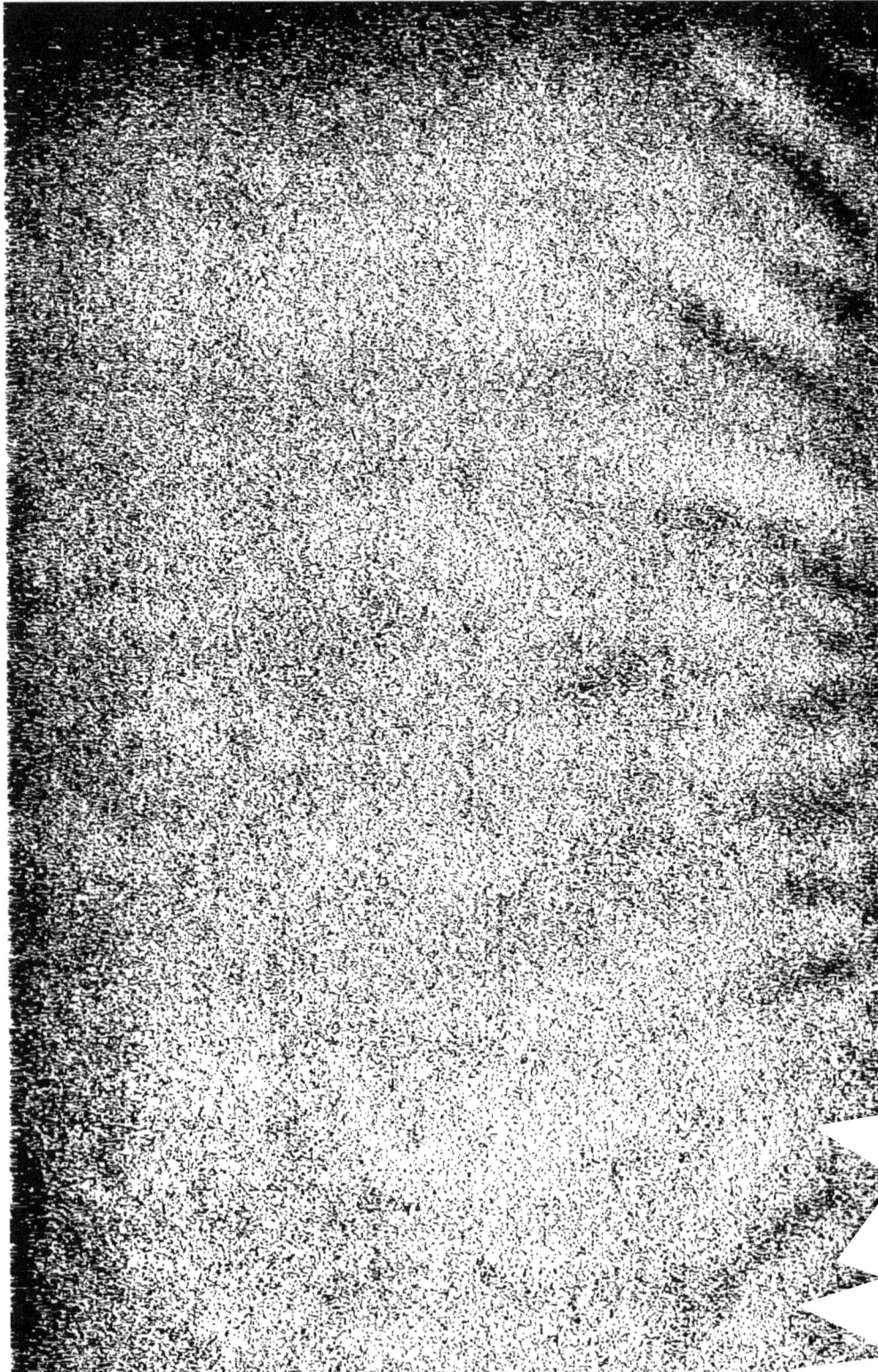

RUINES DE JUMIÈGES

Vue orientale des ruines de l'abbaye de Jumièges
prise du logis Abbatial en 1823.

JUMIÉGES

Village *de* 1,084 *hab.*, 1893 *hect., sur la rive droite de la Seine, par* 5-48 *m. d'al. — Route dép.* n° 13. *Chemin* n° 65. *— A* 7 *kil. de Duclair,* 27 *kil. de Rouen. Succursale, bureau de bienfaisance. Salle d'asile* [1]. *Notaire*; ✉, *télégraphe ; voitures pour Duclair et Rouen.*

Commerce considérable de fruits (de prunes surtout), volailles, fèves, pois, pommes de terre. Exportation pour l'Angleterre.

L'église (*monument historique*) a pour patron S. Valentin, martyr en Italie, dont la tête fut apportée de Rome par un prêtre qui la déposa à Jumiéges (M. l'abbé Cochet prétend que l'église était auparavant dédiée à S. André.

---

[1] Cet asile, dû à la charité privée, reçoit environ 80 enfants. Il a mérité d'être cité au Conseil général (août 1878) comme un établissement modèle.

D'autres lui donnent S. Pierre pour titulaire). La nef est fort simple et du style roman des xie et xiie siècles. A la Renaissance, on entreprit une magnifique reconstruction du chœur, qui n'a pas été achevé. Fragments de vitraux du xvie siècle avec dalles tumulaires du même temps et du xiiie siècle.

Le chef de S. Valentin est déposé sous le maître-autel. Chaque année, le lundi de la Pentecôte, les paroisses de N.-Dame et de S.-Nicolas de Bliquetuit (celle-ci éloignée de près de 12 kilomètres) viennent processionnellement vénérer cette relique [1].

Voici les autres monuments religieux de Jumièges, d'après la description de M. l'abbé Cochet.

« La première léproserie de Jumièges fut placée à l'entrée du bourg actuel, sur la route d'Yainville. On montre encore la place du cimetière et de la chapelle dédiée à S. Michel. De temps en temps on y rencontre des murailles, des ossements et des vases funéraires. C'est là qu'avait été inhumé, en 1248, l'abbé Guillaume Defors, qui « aimait « les pauvres et qui les servait. » Vers 1338, la léproserie fut transférée à Duclair, où l'on transporta aussi le tombeau de G. Defors. »

« La chapelle de *la Mère de Dieu*, située dans le bois

---

[1] Ce pèlerinage dut avoir pour origine la cessation d'une peste que les habitants de Bliquetuit obtinrent par l'intercession de S. Valentin, dans les premières années du xiie siècle.

Effectivement Baudry, évêque de Dol, raconte que la mortalité désolant Bliquetuit, les principaux habitants y firent apporter la tête de S. Valentin, qui fut reportée à Jumièges dans une procession solennelle, à laquelle ce prélat assistait lui-même. Le fléau, qui s'était apaisé à l'arrivée de la relique, disparut entièrement trois jours après.

sur la route de Duclair, porte la date de 1787, mais dut remplacer l'ancienne chapelle de Ste-Austreberte, qui était aussi dans un bois. Ce qui le fait croire, c'est que près de là est *le Chêne à l'Ane,* qui rappelle la légende du *Loup vert* (*Voir l'article* Ste-Austreberte).

« Cette chapelle est un lieu de pèlerinage très fréquenté par les gens du pays qui ont la fièvre intermittente. En entrant ou en sortant de la chapelle, ils ont soin de *nouer leurs fièvres aux genêts* des taillis ; » et, suivant la superstitieuse tradition, quiconque dénouerait ces genêts, gagnerait les mêmes fièvres ; ce qui n'empêche pas que les enfants prennent impunément le malin plaisir de défaire ces nœuds.

La chapelle S.-Amateur, dont on ignore jusqu'à l'emplacement, est parfois appelée chapelle de *Maître-Jean-Justice,* ce qui fait présumer qu'elle eut pour fondateur le chanoine de Paris, Jean Justice, conseiller du roi et chantre de Bayeux au XIVe siècle, qui paraît avoir été originaire de cette contrée. Il fonda à Paris le *Collège de Justice* pour douze boursiers, dont huit du diocèse de Rouen, et autant que possible du doyenné de S.-Georges.

Le hameau de Conihout eut au moyen-âge des vignobles très importants, célèbres dès le VIIe siècle. Leurs produits, sans être de fort bonne qualité, figurèrent sur la table de Philippe-Auguste et s'expédiaient en Flandre et en Angleterre. Il s'en consommait beaucoup à Rouen, parce qu'en y entrant, ils ne payaient que la moitié des droits.

Une terrible épidémie ravagea Jumiéges en 1775 et 1776. Le célèbre médecin Lepecq de la Clôture, chargé d'en déterminer la cause, l'attribua aux exhalaisons pestilentielles des marais.

L'étude du terrain semble avoir démontré que, non loin de l'abbaye, le sol a haussé, depuis le ixe siècle, de plus de 3 mètres.

Antiquités : aux temps les plus reculés appartiennent les fosses nombreuses situées dans les bois (Dans la Fosse-Piquet sont, dit-on, cachées des cloches). Des excavations sont appelées *trous fumeux*, à cause des vapeurs qui s'en échappent dans l'hiver, surtout en temps de neige ; là encore on prétend que des trésors sont enfouis. Enfin, un bateau chargé de bois a été rencontré à 5 mètres de profondeur dans la vase du hameau de Conihout. Traces d'un camp et monnaies de bronze de l'époque romaine. Monnaies franques.

Jumièges (*Gemmeticum*) a un très grand nombre de variantes dans son nom latin. Les principales sont : *Gemedicum*, *Gimegiœ* et *Unnedicœ*.

ABBAYE ROYALE
DE S.-PIERRE DE JUMIÉGES.

Sa fondation se place peu après celle de Fontenelle, c'est-à-dire, l'an 654, suivant les auteurs les plus autorisés. Elle est due à S. Philibert (ou Philbert), né en Gascogne, qui en fut le premier abbé. Il y a du reste, selon la remarque de Montalembert, entre son fondateur et celui de sa glorieuse voisine, de nombreuses analogies. L'illustre auteur des *Moines d'Occident* a tracé sur les origines de Jumièges des pages d'un haut intérêt, reproduites ici, après contrôle sur les documents originaux.

« Comme S. Wandrille, dit le grand écrivain, le jeune Philibert fut recommandé par son père au roi Dagobert, et à vingt ans quitta la cour et la vie militaire pour la vie claustrale. Comme lui, et plus directement encore que lui, il fut imbu de l'esprit de S. Colomban. Lui aussi avait été lié dès sa jeunesse avec S. Ouen, le puissant archevêque de Rouen ; et sa grande abbaye fut, comme Fontenelle, dotée des bienfaits du roi Clovis II et de la sainte reine Bathilde. » Cette princesse donna à S. Philibert plusieurs sommes d'argent avec des bois et des prairies pour bâtir le monastère.

« Philibert allait souvent visiter son voisin Wandrille ; il l'imitait en travaillant avec ses religieux au défrichement des terres concédées dont ils firent des champs et des prés d'une merveilleuse fécondité, et il eut comme lui à braver l'animosité des forestiers royaux, qui lui volaient ses chevaux de transport ou de labour. Comme Fontenelle encore, Jumièges fut bâtie sur le site d'un ancien château gallo-romain, que devait remplacer ce que les contemporains appelaient *le noble château de Dieu*.

« Mais, située aux bords mêmes de la Seine, l'abbaye de Philibert était plus accessible par eau, et devint bientôt le centre d'un grand commerce. On y voyait aborder les mariniers bretons et irlandais, qui apportaient aux religieux de quoi fournir à leur vêtement et à leur chaussure, en échange de leurs blés et de leurs bestiaux. Philibert exigeait que dans tous les échanges avec les voisins ou les étrangers, on leur fît toujours des conditions plus profitables que les laïques n'avaient coutume de le faire.

« Les moines se livraient avec succès à la pêche des cétacés qui remontaient la Seine, et dont ils tiraient de l'huile pour éclairer leurs veilles. Ils équipaient aussi des navires sur lesquels ils s'embarquaient pour aller au loin racheter les captifs et les esclaves. » C'est ainsi que fut amené d'Irlande à Jumiéges le jeune *Sidonius* ou Saens, qui fonda lui-même une abbaye (*Voir* Arrondissement de Neufchâtel, *page* 232).

« Une partie sans doute de ces captifs contribuait à grossir le nombre des moines de Jumiéges qui (sous le successeur de S. Philibert, c'est-à-dire, vers la fin du VIIe siècle) s'élevait à neuf cents, sans compter les quinze cents servants qui y remplissaient l'office de frères convers. Ils étaient soumis à une règle composée par Philibert, d'après ses observations attentives sur les nombreux monastères de France, d'Italie et de Bourgogne qu'il avait visités dans ce but. »

« Suivant une coutume monastique, ajoute M. l'abbé Cochet, S. Philibert éleva trois églises : une au nord à S. Denis et à S. Germain ; une au midi à S. Pierre, avec chapelle à S. Martin ; celle du milieu à Notre-Dame. Il construisit ensuite un ensemble de bâtiments monastiques dont les dortoirs avaient 290 pieds de longueur sur 50 de large. Le tout était entouré de murs chaînés de petites tours. »

Exilé durant neuf ans pour avoir repris Ebroïn de ses débauches, S. Philibert revint ensuite à Jumiéges, qu'il abandonna bientôt pour fonder d'autres monastères.

« Philibert eut pour successeur, continue Montalembert, un noble Poitevin, nommé Aicadre (ou Achard), auquel se rattache une légende écrite deux siècles plus tard, mais qu'il faut rapporter ici comme une preuve du nombre toujours si considérable et de la piété angélique des religieux de la grande abbaye.

« Selon ce récit, Aicadre se sentant à la veille de mourir, et craignant qu'après sa mort les religieux ne tombassent dans les embûches du péché, pria le Seigneur d'y pourvoir.

« La nuit suivante, il vit un ange qui parcourait le dortoir des religieux : cet ange en toucha quatre cent cinquante de la verge qu'il tenait, et promit à l'abbé que dans quatre jours ils quitteraient la vie ; et que, lorsque son tour serait venu, ils iraient au-devant de lui dans le ciel.

« L'abbé, ayant averti ses frères, les prépara à l'heureux voyage. Ils prirent ensemble le viatique, et vinrent ensuite tenir chapitre, avec ceux des leurs que l'ange n'avait pas marqués. Chacun des élus se plaça entre deux de ces derniers, et tous entonnèrent ensemble les chants du triomphe.

« Bientôt la figure de ceux qui devaient mourir commença à resplendir, et sans donner le moindre signe de douleur, les quatre cent cinquante passèrent de cette vie à l'autre : le premier cent à l'heure de tierce, le second à sexte, le troisième à none, le quatrième à vêpres, et les derniers à complies (La chronique affirme, selon M. l'abbé Cochet, qu'ils furent inhumés dans des cercueils de pierre). Pendant huit jours on célébra leurs obsèques ; et ceux qui leur survivaient, pleuraient de n'avoir pas été jugés dignes de les suivre. »

La pièce qui contient ce récit n'étant pas parfaitement sûre, rien n'empêcherait de le rejeter entièrement. Deshayes y a vu une peste qui emporta la moitié des religieux [1].

[1] *Histoire de l'abbaye royale de Jumiéges*. Rouen, 1829, in-8º. Cet ouvrage, d'une lecture facile et agréable, est important pour l'histoire de Jumiéges et celle des autres communes de la presqu'île gemmétique, Yainville et le Mesnil-sous-Jumiéges, et même pour l'exploration d'Heurteauville. Ce beau volume, orné de gravures de H. Langlois, est devenu rare et recherché.

Suivant une autre conjecture qu'on lira plus loin, cette légende voile un évènement plus terrible.

Un fait bien autrement suspect, que Mabillon qualifiait de fabuleux et qui n'est cité dans aucun ancien auteur, est mêlé aux origines de l'abbaye. Des chroniques prétendent que deux fils de Clovis II et de Ste Bathilde s'étant révoltés contre leur mère, on leur coupa les nerfs des bras, puis ils furent mis avec des provisions dans un petit bateau dépourvu d'agrès ; et ce bateau ayant ainsi descendu le cours de la Seine, depuis Paris jusqu'à Jumiéges, S. Philibert recueillit et guérit ces enfants, qui se firent religieux et moururent à l'abbaye. On les nomma *les Enervés de Jumiéges*.

A cette fiction, où les impossibilités abondent, les explications n'ont pas fait défaut : plusieurs sont fort ingénieuses, aucune n'est assez vraisemblable pour résoudre entièrement le problème.

S. Philibert, après avoir fondé l'abbaye de Pavilly, fut calomnié auprès de S. Ouen qui le fit enfermer dans une tour située à Rouen, rue de la Poterne. En étant sorti, il fonda le monastère de Noirmoutiers, revint à Jumiéges, bâtit le monastère de Montivilliers, et alla mourir à Noirmoutiers le 20 août 684.

S. Aicadre, mort le 15 septembre l'an 687, n'a point laissé de traces dans l'histoire. Il était surtout invoqué pour les frénétiques et les fous, qui souvent furent guéris par son intercession.

« On ne saurait douter, dit D. Rivet, qu'en ce siècle, on ne cultivât les lettres à Jumiéges avec un soin particulier. On n'aurait pu, autrement, y former, comme l'on faisait, des prédicateurs pour annoncer la parole de Dieu aux gens du pays; ce qui contribua à la conversion de plusieurs personnes, même entre les grands du monde. »

Les lettres furent donc en honneur à Jumiéges sous les premiers abbés. On y écrivit les vies de S. Philibert, de S. Aicadre et de Ste Austreberte. Les moines y étaient toujours aussi nombreux. S. Hugues, abbé de Jumiéges et archevêque de Rouen, vint achever ses jours dans cette retraite qu'il avait dotée de plusieurs terres. Ses reliques, déposées dans un tombeau richement décoré, furent pieusement vénérées.

Ce saint abbé, fils du duc de Champagne, fut simultanément évêque de Paris, de Rouen et de Bayeux, abbé de Fontenelle, de Jumiéges et d'autres monastères. L'un de ses successeurs fut chargé par le roi Pépin le Bref de deux missions importantes auprès du Saint-Siège.

En 788, Tassillon, duc de Bavière, et Théodore, son fils aîné, après avoir été mis au nombre des clercs, furent exilés à Jumiéges par Charlemagne et y moururent[1]. Mabillon et après lui divers auteurs présument que c'est là ce qui donna lieu à la légende des *Enervés*.

Dès le début de ce siècle, Jumiéges avait vu l'un de ses moines élevé à l'épiscopat. C'était S. Eucher, qui monta sur le siège d'Orléans.

Quelques années plus tard, S. Sturm, abbé en Allemagne, fut banni à Jumiéges où il passa deux ans. L'abbé et les frères le reçurent avec les égards dus à sa vertu.

Hélisachar, chancelier de Louis le Débonnaire et l'un des hommes les plus doctes et les plus remarquables de l'époque, gouverna l'abbaye dans les premières années du IXe siècle.

[1] Tassillon est honoré comme saint le 13 décembre.

Ce fut sans doute à la prière de cet abbé que Louis le Débonnaire confirma aux moines le privilège, octroyé par Charlemagne et Pepin, ou même leurs prédécesseurs, de percevoir sur tous les navires qui remonteraient la Seine, tous les droits royaux que le fisc était en droit d'exiger.

Pepin, duc d'Aquitaine, leur rendit en 838 tout ce qu'il avait pu usurper. Charles le Chauve leur abandonna également les terres possédées par Rodolphe, son oncle, qui, d'abbé de S.-Riquier, était devenu abbé de Jumiéges.

Les Normands ne les en laissèrent pas jouir. En 841, ils forcèrent les portes de l'abbaye, la pillèrent et y mirent le feu, après avoir massacré tous les moines qui ne s'étaient pas enfuis [1]. Le *Martyrologe de France,* citant « 900 moines brûlés par les Danois païens au monastère de Jumiéges, » doit faire allusion à ce fait. Cet affreux massacre paraît avoir donné lieu à la légende, publiée ci-dessus d'après Montalembert, et qui ne fut écrite qu'après les invasions normandes.

Les Normands revinrent fréquemment à Jumiéges ; ils y radoubaient même leurs navires avant de reprendre la mer, ce qui suppose à Jumiéges un port vaste et commode avec des chantiers.

Mais le monastère, pour être ruiné, n'en conservait pas moins ses glorieux souvenirs avec la vénération des fidèles. Rollon, à peine eut-il reçu le baptême (912), dota l'église S.-Aicadre de Jumiéges, qui était alors l'un des cinq sanc-

---

[1] L'un des moines s'enfuit jusqu'à l'abbaye de S.-Gall en Suisse, emportant avec lui son antiphonaire où quelques vers étaient notés pour les proses, mais déjà bien altérés. Le B. Notker, qui raconte ce fait, avoue qu'il prit ces proses pour modèles (l'une de ses imitations nous est parvenue). Ainsi les livres liturgiques de Jumiéges ont influé sur la célèbre école de chant de S.-Gall.

tuaires les plus célèbres de la Normandie (avec l'abbaye de S.-Ouen et les cathédrales d'Evreux, de Bayeux et de Rouen), au dire d'un chroniqueur du XIIe siècle.

Les religieux qui avaient prévenu par la fuite la fureur des Normands, s'étaient retirés à Haspres dans le Cambrésis (près Bouchain, *Nord*). Ils y emportèrent leurs livres, leurs objets précieux, les reliques de S. Hugues et de S. Aicadre, dont le culte et les bienfaits devinrent si chers à ce pays, que les moines de Jumiéges ne purent jamais obtenir le retour de ces restes précieux en Normandie. On leur en donna seulement quelques fragments.

Ce ne fut que vers 941 que l'abbaye se releva de ses ruines. La chose est ainsi racontée par un historien des mieux informés, puisqu'il vécut dans le monastère.

« Il advint, dit Guillaume de Jumiéges, que deux moines, c'est à savoir Baudouin et Gondouin, revinrent du Cambrésis à Jumiéges. Arrivés dans l'affreuse solitude de ce lieu, ils commencèrent avec des fatigues infinies à aplanir la terre selon leur pouvoir, en arrachant les arbres, et à s'épuiser ainsi par le travail de leurs mains.

« Or, le duc Guillaume Longue-Epée, survenant en ce lieu pour chasser, les y trouva et commença à s'enquérir d'eux de quel pays ils étaient venus et quelle si grande construction ils prétendaient faire.

« Pour lors, les serviteurs de Dieu lui découvrirent par ordre, toute la suite de leur entreprise, et lui offrirent la charité d'un pain d'orge et d'un peu d'eau.

« Méprisant cette eau et la grossièreté de ce pain, le duc refuse d'en user et entre dans la forêt. Il y trouve un sanglier énorme, qu'il commence aussitôt de poursuivre en hâte.

« L'animal pressé par les chiens qu'on avait lancés après lui, se retourne, rompt le bois de la lance, d'un bond impétueux se précipite sur le duc, le renverse et le foule aux pieds en le blessant grièvement.

« Peu après, le prince reprend ses sens, et, mieux avisé, va retrouver les moines ; il reçut d'eux la charité qu'il avait mal à propos refusée, et promit de restaurer le monastère [1]. »

En effet, à peine revenu à Rouen, le duc envoya des ouvriers et de l'argent pour commencer aussitôt les travaux. Ils furent promptement achevés ; mais les nouveaux bâtiments étaient loin d'égaler l'ancienne abbaye.

Guillaume donna aux moines le droit de pêche sur la Seine depuis Duclair jusqu'à Bliquetuit. Il y ajouta Quillebeuf, avec les pêcheries situées sur les bancs voisins. Tous les poissons qui y étaient pris, même les poissons à lard, devenaient leur propriété.

La souche de la communauté nouvelle fut envoyée de Poitiers par la sœur du duc, et fut formée de douze moines ayant à leur tête l'abbé Martin, auquel plusieurs donnent le nom de saint.

Guillaume Longue-Épée voulait se faire moine dans le monastère. Mais l'abbé considérant l'extrême jeunesse de Richard, son fils, s'y opposa constamment. Le duc prit seulement l'habit monastique et racheta les biens de l'abbaye pour les lui restituer. Assassiné en 943, il fut enterré à Jumièges.

L'année suivante, Raoul Tourte, nommé comte de Rouen, détruisit presque entièrement le monastère. Les

[1] *Almanach liturgique* de 1873, pag. 158. — Suivant Deshayes, la rencontre du duc et du sanglier se fit dans la forêt, au lieu dit Saussemare.

tours en furent sauvées par un clerc nommé Clément, qui les racheta.

Les lettres fleurirent de nouveau avec éclat. On date de cette époque plusieurs manuscrits qui existaient encore à Jumiéges au xviiie siècle, et un poëme latin de 200 vers sur l'origine, la destruction et la restauration du monastère. La chronologie en est fautive, mais l'auteur s'y est élevé en plusieurs choses au-dessus du génie de son siècle.

S. Guillaume (voir l'*Arrondissement du Havre*, p. 154-155) fit refleurir dans toute sa pureté primitive la règle de S. Benoît à Jumiéges, vers le commencement du xie siècle, pendant que le pieux roi Robert pourvoyait à sa prospérité temporelle et que Drogon, comte d'Amiens, remettait aux moines certains tributs qu'il prenait à Genêtville. Le duc Richard II, qui venait plusieurs fois l'année à Jumiéges, leur donna le bois et le manoir de Vimoutiers.

« Il existait alors à Jumiéges plusieurs écoles : il y en avait d'intérieures pour les moines et d'extérieures pour les séculiers, qu'on admettait sans distinction des riches ou des pauvres ; et même souvent ces derniers étaient nourris aux dépens du monastère. » (Deshayes.)

L'abbaye eut à cette époque pour prieur le B. Thierry, né à Mathonville (canton de S.-Saens), sur lequel on a vu une notice dans l'*Arrondissement d'Yvetot* (p. 227). Ce saint religieux rétablit le monastère de S.-Evroult, d'où sortit au siècle suivant la colonie qui peupla l'abbaye de S.-Georges.

S. Edouard le Confesseur, roi d'Angleterre, avait été en quelque sorte élevé à l'abbaye de Jumiéges. Parvenu à la couronne, il appela en Angleterre l'abbé Robert, qu'il pourvut ensuite de l'évèché de Londres. Ce prélat, élevé plus tard à l'archevêché de Contorbéry, revint mourir à Jumiéges, où il avait chaque année envoyé des aumônes. Il rapporta avec lui deux magnifiques ouvrages, un missel et un pontifical, écrits dans un monastère anglais et qui ornent encore aujourd'hui la bibliothèque de Rouen.

On était en ce temps-là si zélé à Jumiéges pour tout ce qui regardait l'instruction, qu'un service annuel y fut fondé à perpétuité pour les auteurs, les copistes et les donateurs de livres.

Ce fut à Jumiéges (d'autres disent à Ste-Marguerite) que Harold vint jurer sur les saintes reliques de remettre le royaume d'Angleterre aux mains de Guillaume le Bâtard, suivant une promesse faite par S. Edouard. On sait comment Harold viola son serment et fut tué à Hastings.

L'église dédiée à la Ste Vierge, qui avait été ruinée par les Normands et n'avait pu être rebâtie depuis, fut de nouveau entreprise en 1040 et consacrée le 1er juillet 1067 par le B. Maurille, archevèque de Rouen, en présence de plusieurs seigneurs, de quatre évêques et de Guillaume le Conquérant lui-même, qui à cette occasion gratifia l'abbaye de plusieurs biens situés en Angleterre, notamment l'île d'Helling, où les religieux bâtirent un prieuré qui leur rapportait 1,100 écus d'or par an.

Vers 1080 florissait à l'abbaye le moine Guillaume, surnommé de Jumiéges, qui a laissé en huit livres une *Histoire des Normands*, empruntée en partie à Dudon de S.-Quentin et dédiée à Guillaume le Conquérant. Guillaume de Jumièges était d'une vertu supérieure encore à son savoir. Malgré quelques erreurs grossières, son livre est écrit avec exactitude et même avec une certaine élégance de style.

L'abbaye avait alors à sa tête S. Gontard *(voir* Sotteville-lès-Rouen).

« A cette époque, c'était un usage reçu parmi les gens de qualité de prendre l'habit religieux avant la mort. Cet usage, toujours précédé de donations en faveur du monastère, avait également lieu pour les femmes. Si les malades se rétablissaient, les hommes étaient obligés de venir habiter le monastère et d'en suivre la règle. Quant aux femmes, elles devaient venir habiter le bourg et être soumises aux supérieurs. Elles recevaient chacune, journellement, la même pitance qu'un moine qui mangeait au réfectoire. Par là elles acquéraient la qualification de *moinesses* » (Deshayes).

Le maréchal de l'abbaye recevait chaque jour, nous dit M. Léopold Delisle, « deux pains de petit poids, une mesure de vin de moyenne qualité ou d'autre boisson du couvent, et un plat de la cuisine, savoir : six œufs ou quatre harengs ou quelque chose d'équivalent. »

L'abbaye fut deux fois ravagée et ses fermes dévastées, durant les guerres du XII° siècle. Malgré ces désastres, l'abbé donna tout l'or et l'argent du monastère, dont il fit aussi vendre l'argenterie pour racheter l'archevêque de Rouen, laissé en ôtage par Richard Cœur-de-Lion aux mains de l'empereur d'Allemagne. Il pourvut ensuite, pendant une horrible famine, aux besoins « de quantité de malheureux, qui sans cela seraient morts de faim. » *(Id.)* Au reste, la charité des moines était passée en proverbe, témoin ce dicton populaire : « Jumiéges l'Aumônier. »

Le 14 août 1171, un docteur ès-sciences divines et

humaines, nommé Alexandre, se fit moine à Jumiéges et y donna des livres pour étudier. — Vers 1186, on céda à l'abbaye six arpents de bois à défricher, près de Magny *(Seine-et-Oise)*.

En 1198, le roi Richard Cœur-de-Lion, entre autres libéralités, céda Conteville *(Eure)* aux religieux en échange du Pont-de-l'Arche. Jean sans Terre annula cette convention l'année suivante; mais Philippe-Auguste y revint en 1211. Cette disposition était en effet avantageuse aux deux parties. Peu après, ce prince donna aux moines dans la forêt de Brotonne, un chemin large de 24 pieds et long de 150 perches pour accéder à la chapelle S.-Vaast sur Heurteauville.

Le cidre, dont l'usage n'est devenu général dans le Département qu'au xviie siècle, était employé dans l'abbaye avant la fin du xiie siècle. Au nombre des présents de Robert, comte de Meulan *(voir* Arr. d'Yvetot, *pag.* 88), figure en 1183, le droit cédé à l'abbaye de cueillir dans la forêt de Brotonne des pommes pour la boisson des moines et celle de leurs serviteurs.

Un jugement de l'Echiquier statua en 1216 que nul ne pourrait ouvrir un réservoir à poisson depuis Bliquetuit jusqu'au Val-de-l'Anerie, à cause des droits que les religieux avaient sur la rivière, dès le milieu du xie siècle.

En 1218, les moines se construisirent dans la rue de la Poterne, à Rouen, une chapelle S.-Philibert, où ils faisaient l'office lorsqu'ils venaient à Rouen. Plus tard, les religieux de Jumiéges allèrent loger à S.-Ouen, et cette chapelle ne fut qu'un simple oratoire.

Il fut arrêté en 1254, qu'ils jouiraient de la franchise pour leurs vins qui traversaient la ville de Rouen, pourvu que sur réquisition ils fissent serment que ce vin était destiné aux moines et ne devait pas être vendu.

Les rois de France ne pouvaient exiger de l'abbaye des chevaux pour faire leurs charrois. En 1224, néanmoins, les moines en prêtèrent à Louis VIII.

Ils avaient pareillement droit, et cela dès le XIIe siècle, de faire paître leurs porcs dans toutes les forêts de la Normandie.

En 1238, ils achetèrent pour une somme de 40 sous, à Guillaume de la Houssaye, le droit de quai sur tout navire déchargeant entre Yville et Jumiéges.

Les moines de l'abbaye de Lire (*Eure*) furent forcés de se réfugier à Jumiéges, l'an 1230. Gilbert de S.-Vincent, l'un d'eux, y écrivit un ouvrage.

Eude Rigaud visita fort souvent l'abbaye. Il y prêcha plusieurs fois et y fit une ordination le 17 mars 1263. Les faits intéressants qu'il constate sont en petit nombre, mais tout intimes. Ils comprennent une période de vingt ans (1249-1269).

Il y avait de 43 à 54 moines, dont 12 ou 15 n'étaient pas prêtres. On comptait une vingtaine de religieux dans les prieurés dépendants de l'abbaye (ce qui suppose environ dix prieurés, puisqu'il devait y avoir deux religieux dans chaque prieuré).

Le temporel fut le plus souvent en bon état. Les revenus de l'abbaye montaient à 4,300 livres ; mais les sommes dues au monastère s'élevaient toujours de 1,900 à 4,000 livres, dont plusieurs étaient des créances peu solvables. — L'official et les baillis rendaient ordinairement les vieux habits, quand on leur en donnait des neufs. L'aumône se faisait chaque jour aux pauvres.

L'archevêque recommande instamment le soin des malades, l'abstinence et le jeûne suivant la règle, l'exactitude dans les comptes (qui doivent être faits au moins toutes les six semaines), la confession mensuelle, la célébration de la messe au moins chaque semaine pour les prêtres. Il ne veut pas qu'on diminue les aumônes et va jusqu'à rappeler qu'il faut en hiver pourvoir les religieux de couvertures suffisantes.

L'un de ses prédécesseurs avait déjà statué vers 1235, qu'on donnerait aux moines des tuniques de 2 ans en 2 ans, et qu'ils dormiraient après le dîner aux Rogations et aux vigiles des fêtes.

Le pape Grégoire IX voulant permettre aux moines de vaquer plus librement à la contemplation, aux jeûnes et aux prières, exercices pour lesquels ils étaient fort zélés, défend à qui que ce soit de les citer en justice à plus de deux jours de marche de leur monastère, par lettres obtenues des souverains pontifes, à moins qu'elles ne fassent mention de cette permission.

Philippe le Bel accorda en 1298 l'érection d'un marché à Jumièges. Fixé d'abord au vendredi, puis au jeudi, il fut supprimé vers 1770.

Toute l'étendue de Seine située entre Jumièges et Yville s'appelait au XIII° siècle l'*Eau de Dieu*, à cause que les moines y jouissaient des droits de pêcherie.

Les pêcheries entre Norville et Vatteville appartenaient en commun au comte de Meulan et à l'abbaye. Mais d'elle seule dépendaient les passages de Jumièges, d'Heurteauville, du Trait et du Gouffre. Le passage de Jumièges était tellement fréquenté au milieu du XV° siècle, qu'il rapportait aux religieux plus de 200 livres (probablement 4,000 fr. au moins).

« L'abbaye, dit Deshayes, était alors considérée comme le séjour et l'asile des rois, des comtes, des barons, des grands seigneurs, des prélats et des religieux, et l'hospice du peuple et des pauvres. L'abbé et les moines dépensaient tous les ans la moitié de leurs revenus à recevoir les uns et à secourir les autres. » Ils distribuaient aux pauvres quatre tonneaux de vin.

En effet, bon nombre de seigneurs y avaient droit de gîte, ce qui était fort onéreux et troublait singulièrement la communauté, où ces seigneurs venaient souvent loger plusieurs jours de suite avec leurs gens et leurs chiens. Aux XIII° et XIV° siècles, les abbés finirent par se décharger de cette incommode servitude, même à l'égard du baron de Clères, qui s'était montré plus tenace et plus exigeant que les autres.

L'école de Jumiéges était alors pourvue de professeurs de philosophie, de logique et de grammaire. La bibliothèque passait pour une des plus riches de la France [1].

La guerre de Cent-Ans vint tout ruiner. « L'abbaye, continue Deshayes, fut investie et prise en 1358 par 800 hommes qui la pillèrent pendant six jours. L'abbé et plusieurs religieux se réfugièrent à Rouen et le monastère resta presque désert ; les terres cessèrent d'être cultivées, et les religieux se trouvèrent si dépourvus, que plusieurs moururent, faute de pouvoir se procurer le nécessaire. » Jumiéges fut repris sur les Anglais en 1365.

Au milieu du XIV° siècle, le jardinier de l'abbaye

---

[1] Guillaume du Fors, abbé de Jumiéges au milieu du XIII° siècle (voir page 2), fit une concordance de la Bible, imprimée à Bâle en 1616.

n'avait que 39 livres de gages, tandis que le cuisinier en touchait 1,230 livres. Jumiéges avait alors sous sa dépendance huit prieurés (dont un en Angleterre).

Charles V séjourna à Jumiéges du 16 au 24 août 1369.

En 1388, un vaisseau chargé de harengs et autres denrées, ayant fait naufrage près de Quillebeuf, fut réclamé comme épave par les religieux. Ils étaient obligés d'entretenir tous les pieux pour l'amarrage dans les rades de la baronnie de Trouville (*Eure*).

L'abbaye fut gouvernée (1389-1418) par Simon Duboc, né à Rouen, docteur en droit civil et canonique et professeur de théologie en l'Université de Paris. Il favorisa de tout son pouvoir l'étude des lettres. Successivement moine de S.-Ouen et prieur de Sigy, il joua un rôle important dans le grand schisme d'Occident, comme député du roi de France vers le pape Grégoire XII, et assista aux conciles de Pise, de Rome et de Constance. Ce fut l'un des vingt commissaires qui jugèrent Jean Hus.

Cet abbé établit chaque samedi la station de l'*Inviolata*, et obtint que les procès de l'abbaye ne pussent être jugés qu'au grand Châtelet de Paris. Le pape lui accorda, à lui et à ses successeurs, divers privilèges épiscopaux et le droit de donner après matines, messe et vêpres, la bénédiction solennelle, pourvu qu'il n'y eût à l'office aucun évêque ou légat.

Durant son administration, de nouveaux malheurs éprouvèrent le monastère. La plupart des religieux, voyant Harfleur aux mains des Anglais, s'étaient retirés à Rouen ; ceux qui restèrent furent décimés par la peste. Enfin, après la bataille d'Azincourt (1415), l'abbaye fut pillée et détruite, et ses domaines dévastés.

Nicolas Leroux, son successeur, avait toutes les vertus d'un bon religieux ; mais aveuglé par les préjugés ou gagné par les Anglais, il eut le malheur de condamner Jeanne d'Arc. Une cruelle maladie, regardée par plusieurs comme une punition du ciel, l'emporta l'année suivante.

De 1434 à 1450, Jumiéges eut encore beaucoup à souffrir des guerres : 480 arpents de ses bois furent incendiés, quatre moines seulement survécurent à ces désastres.

En 1407, le froid avait été si violent, que les charriots remplis de la cargaison de 52 navires retenus à Leure par des glaçons, traversèrent la Seine sur la glace à Jumiéges.

Charles VII vint à Jumiéges en 1450, après la reprise d'Harfleur. Cette même année le cœur et les entrailles de la trop fameuse Agnès Sorel furent, suivant ses désirs, inhumés à Jumiéges, dont elle avait été la bienfaitrice, dans un tombeau en marbre noir, mutilé par les protestants.

Peu après, l'abbaye fut également visitée par Marguerite d'Anjou, reine d'Angleterre. Les abbés ne résidant guère alors avec les religieux, le monastère tomba bientôt dans une situation déplorable, pour le temporel aussi bien que pour le spirituel.

Au XV° siècle, « une fois chaque année, dit M. de Beaurepaire, tous les pêcheurs étaient tenus de comparaître devant le bailli de la haute justice de l'abbaye, les uns l'aviron sur l'épaule, les autres le bâton blanc à la main. Le bailli procédait à leur appel, recevait d'eux 5 sous pour le droit seigneurial de mouillage de chaque bateau et applet, et leur faisait prêter serment de garder et observer les ordonnances du roi et les chartes de l'abbaye. » Deshayes ajoute que les pêcheurs faisaient trois fois le tour du colombier du monastère en présence des religieux, et qu'ils en frappaient la porte avec leur bâton blanc en faisant un salut.

Le xvie siècle amena pour Jumiéges des jours meilleurs, grâce à la réforme qu'y introduisirent deux abbés pleins de foi et de zèle. La règle du monastère fut modifiée, les bâtiments restaurés et l'église abbatiale entièrement peinte à l'intérieur. Durant l'affreuse famine de 1538, l'abbaye procura de grands secours à la ville de Rouen; et ses fermes ayant été dévastées, l'abbé obtint la grâce des pillards.

Cette prospérité ne dura guère. L'administration intérieure de l'abbaye fut de nouveau troublée ; ce n'était que le prélude des calamités de nos guerres religieuses.

Le 8 mai 1562, les protestants de Rouen commirent dans l'abbaye les plus horribles profanations et enlevèrent tout ce qu'ils purent emporter, même dix canons possédés par le monastère. Les moines avaient eu le temps de fuir, sauf un vieillard qui avait pour compagnon un frère convers et demeura trois jours sans manger, puis faillit être massacré par l'un de ces furieux. Un écrivain protestant a ainsi résumé l'expédition de ses coreligionnaires : « Tout fut mis à rien. »

L'année suivante, Charles IX passa par Jumiéges en revenant du Havre et prit diverses mesures pour réparer ses pertes. La détresse était si générale dans notre malheureux pays, qu'en 1567 les moines furent obligés de refaire à leurs frais le chemin de halage de l'Anerie à Duclair et la chaussée de Duclair à S.-Paul.

Chaque année, le jour de Ste-Pétronille (31 mai), les moines de Jumiéges donnaient à dîner à toutes les vieilles femmes de la presqu'île ; ce qu'ils appelaient *la fête aux vieilles*. Elles se présentaient quelquefois au nombre de cent. On offrait à chacune de la soupe et du pain à discrétion, deux œufs, une finte et une bouteille de bière ou une pinte de vin de Conihout.

Le cardinal de Bourbon, proclamé par la Ligue roi de France sous le nom de Charles X, étant venu à Jumiéges, accorda aux religieux des troupes pour les défendre. Mais quelques-uns des soldats qu'on envoya, mirent la peste dans le pays, et en moins de trois mois il mourut dans la péninsule plus de douze cents personnes.

La guerre désola de nouveau Jumiéges, en sorte que les religieux prirent soin de renouveler la sauve-garde qu'on leur avait donnée. « La nouvelle ne s'en fut pas plus tôt répandue, dit Deshayes, que l'on vit arriver à Jumiéges toute la noblesse des environs, des marchands, des laboureurs, des artisans et jusqu'à des femmes de toute condition. L'appartement destiné aux rois, les dortoirs, l'infirmerie, le logis abbatial, les hôtelleries, les greniers, tout fut occupé. Il existait des ménages entiers dans le réfectoire, la buanderie, la boulangerie, le pressoir et jusque dans les clochers des églises. Le séjour de cette multitude dura près de sept mois (1591-1592) ; après quoi, chacun se retira chez soi, avec ce qu'il avait apporté.

« L'entretien d'un aussi grand nombre de personnes réduisit les religieux à la plus pénible détresse. Pour surcroît d'infortune, leurs biens étaient restés sans culture. » Néanmoins, les religieux, qui n'étaient que dix-sept en 1571, étaient vingt-neuf en 1594. On cuisait trois fois par jour pour la nourriture des religieux et des pauvres.

Il ne se passa rien de considérable dans l'abbaye jusqu'à l'introduction de la réforme S.-Vannes. La congrégation de Chezal-Benoît en avait auparavant pris possession (de 1512 à 1572), et l'avait rendue le monastère le plus régulier de la Normandie. D. Adrien Langlois, frappé de la piété des moines de S.-Vannes, fit unir Jumiéges (4 juin 1616) à leur congrégation, remplacée deux ans après par les bénédictins de S.-Maur. Ces derniers y établirent un noviciat, où l'on vit plusieurs savants de leur ordre.

La peste désola de nouveau la péninsule en 1647, et y emporta plus de douze cents personnes. Les moines, attaqués par le fléau, prodiguèrent néanmoins les secours aux malades.

Le 2 février 1647, mourut à Jumiéges D. Thomas Dufour, né à Fécamp d'une famille protestante, le 27 janvier 1613. A seize ans, il savait l'hébreu, le syriaque et le chaldéen (ayant appris seul ces deux dernières langues). De 17 à 21 ans, il enseigna l'hébreu et composa en cette langue des thèses sur toute la philosophie. Voulant alors se faire chartreux, sa santé l'obligea de revenir à Harfleur dans sa famille, où il ne dormait guère qu'une heure par jour. A vingt-trois ans, il entra au noviciat de Jumiéges, puis fut envoyé à S.-Germain, où il étonna le plus habile orientaliste de Paris, enseigna l'hébreu à huit ou dix bénédictins, collabora quelque temps à la polyglotte de Le Jay, et enfin demanda à revenir à Jumiéges, où il ne tarda pas à mourir. Il a publié une grammaire hébraïque, la meilleure qu'on eût alors; et il a laissé une paraphrase du Cantique des cantiques et un commentaire inachevé sur les psaumes.

Vers cette époque, on faisait encore à Jumiéges du vin

rouge qui ne payait que demi-impôt, et du vin blanc qui n'en payait point du tout. Les fruitiers du plat pays de 7 à 8 lieues à la ronde venaient s'y approvisionner de prunes de Damas, de poires tendres et de garde, pommes de reinette et de calleville. Les marchands de vin et de cidre de Rouen et de Caudebec s'y approvisionnaient pareillement.

Durant les troubles de la Fronde, Jumiéges fut de nouveau l'asile d'une foule de malheureux qui s'y réfugièrent sous la sauve-garde obtenue par les moines. Il y vint même quatre cents pauvres de l'Orléanais dont l'entretien coûta, dit-on, 15,000 livres aux religieux. Survint un flux de sang qui fit périr au moins un quart des habitants.

A la fin du XVII° siècle, la théologie fut enseignée dans l'abbaye par D. Massuet, qui passa ensuite à Fécamp, puis à S.-Ouen de Rouen (où il apprit à fond le grec), et s'est illustré par son édition de S. Irénée. — Peu d'années après, on distingue parmi les novices D. Boudier, qui devint supérieur général de la Congrégation de S.-Maur. On a de lui une histoire, des mémoires et d'autres écrits.

Trois ou quatre faits d'une importance secondaire achèveront l'histoire de l'abbaye qui disparut au milieu du fracas de la Révolution, après avoir eu 82 abbés. Elle vit mourir en 1694 D. Garet, éditeur de Cassiodore *(et né au Havre en* 1627*),* compta parmi ses moines le savant D. Le Nourri (*Arrondissement de Dieppe*, page 30), eut pour abbé (1716) Claude de S.-Simon, parent du célèbre écrivain, et depuis évêque de Metz, lequel laissa dans le pays des souvenirs peu sympathiques, fut visitée en 1720 par Jean Casimir, ancien roi de Pologne, nourrit six à sept cents pauvres durant la disette de 1740, et vit enfin dans ses murs, en 1824, la duchésse de Berry.

Bien avant cette époque, l'abbaye avait été mutilée et partiellement détruite. La plus belle de ses dix cloches, cédée d'abord à l'église paroissiale, est depuis 1815 environ dans l'église S.-Ouen de Rouen.

Outre les abbés déjà cités, on doit encore remarquer les suivants :

Alexandre (1198-1213), homme d'un grand savoir, dont il reste une lettre ;

Guillaume de Becquet (1299-1311) prêta en plusieurs fois à l'archevêque de Rouen une somme de 1000 livres qui servit à acquitter au roi les dîmes. Le roi, pour s'en faire payer, avait saisi les biens de l'église de Rouen ;

Antoine du Bec-Crespin (1363-1472), archevêque de Narbonne ;

Louis d'Amboise, frère du célèbre Georges d'Amboise, archevêque de Rouen, abbé en 1471, fut nommé l'année suivante archevêque d'Albi et céda son abbaye à Jacques d'Amboise, son frère ;

François de Clermont-Lodève, neveu des précédents, cardinal, archevêque de Narbonne, puis d'Auch ;

Philippe de Luxembourg (1511-1517), évêque du Mans et cardinal ;

Hippolyte d'Est, fils du duc de Ferrare (1540), cardinal, archevêque de Milan, qui obtint en France trois archevêchés, un plus grand nombre d'évèchés et une foule d'abbayes ;

Gabriel le Veneur, évêque d'Evreux (1549-1574), l'un des Pères du concile de Trente ;

Charles de Bourbon, cardinal, évêque de Saintes, puis de Nevers, ensuite archevêque de Rouen ;

Charles de Bourbon, fils de Louis de Bourbon, prince de Condé, était neveu du précédent et comme lui cardinal et archevêque de Rouen ;

Marien de Martimbos, chanoine et chancelier de la cathédrale de Rouen (1605-1613) ;

Balthazar Poittevin (1614-1632), ancien précepteur du comte de Soissons, introduisit à Jumiéges la réforme de S.-Vit, plus tard célèbre sous le nom de S.-Maur ;

Pierre de Coislin, nommé abbé de Jumiéges à l'âge de 6 ans (1641) ;

Enfin, nos deux archevêques François de Harlay furent aussi abbés de Jumiéges.

« Les héritages assis en la paroisse de Jumiéges, disaient les *Usages locaux* de la *Coutume de Normandie*, sont partables (*partageables*) entre frères également. — Les femmes ont moitié en propriété aux acquisitions qui se font d'héritages franchement tenus en ladite paroisse. »

La confrérie de S.-Jean-Baptiste a exécuté jusqu'à nos jours une marche bizarre, fort célèbre dans le pays sous le nom de *procession du Loup-Vert*. La veille de la S.-Jean, chaque année, la confrérie allait prendre un de ses membres qui doit toujours être de Conihout, désigné l'année précédente pour être le *Loup-Vert*. Ce personnage affublé d'une houppelande verte et coiffé d'un immense chapeau vert, pointu et sans rebords, s'avançait à la tête des confrères portant le chaperon, au bruit des armes à feu et au son des clochettes, en chantant l'hymne de la S.-Jean jusqu'au *Chouquet*, où M. le curé venait processionnellement les recevoir et les menait à l'église pour y chanter vêpres ; après quoi on allait chez le Loup dîner en maigre (ce qui montre que cette singulière cérémonie fut instituée à une époque où l'on s'abstenait de viande le jour de la vigile de S.-Jean-Baptiste). A la tombée de la nuit on allumait le feu de S. Jean, accompagné du *Te Deum* et d'autres chants beaucoup moins respectables.

Alors le Loup et les confrères se tenant par la main, couraient autour du feu, s'efforçant de prendre celui qu'ils veulent faire Loup pour l'année suivante, et qui doit être enveloppé et saisi trois fois. Pour se soustraire à cette capture, le futur Loup distribuait libéralement à toute la bande de grands coups d'une longue baguette qu'il portait à la main. Lorsqu'il était enfin saisi, on le portait en triomphe et on faisait mine de le jeter dans le feu ; puis on retournait souper en maigre chez le Loup. La moindre parole libre ou inconvenante était aussitôt arrêtée par le son des clochettes, et celui qui la prononçait devait se lever et réciter tout haut le *Notre Père*. Minuit sonné, cette réserve faisait place à une extrême licence. Le lendemain il y avait encore par le village une procession où figurait un énorme pain bénit, avec nouveau festin chez le Loup.

Les *ruines* de Jumièges sont renommées par toute la France et à l'étranger. Elles ont été souvent et amplement décrites. Les deux belles tours, hautes de 52 mètres, s'aperçoivent de fort loin sur la Seine. Elles offrent avec l'ensemble des autres constructions à demi détruites, un aspect d'une incomparable majesté. Les beaux arbres qui ont grandi au milieu des toits effondrés et des murs lézardés ou en partie écroulés, ajoutent au tableau une grandeur et un charme indéfinissables.

L'antiquaire non moins que l'ami des souvenirs historiques trouve là un ample sujet d'études et de réflexions. L'art s'y trouve en effet représenté à toutes les époques, du xe au xviie siècle. Les parties principales sont : l'*église S.-Pierre*, xe-xive siècles, l'*église Notre-Dame*, au nord de la précédente, xie-xive siècles; la *salle capitulaire*, xiiie siècle ; la *salle des gardes de Charles VII*, xiie et xiiie siècles ; les *souterrains* voûtés formant une suite de chambres, xiiie siècle, avec une *salle de l'Inquisition*, voisine de prétendues oubliettes ; suivant la tradition, un souterrain allait jusqu'au manoir du Mesnil.

De la maison assez obscure du concierge, le visiteur arrive d'abord devant la vaste église N.-Dame. Si le portail est simple et sévère, la masse imposante des tours et leurs proportions hardies étonnent l'imagination. La voûte de la grande nef est entièrement tombée ; les murs, profondément ébréchés par le temps, sont couronnés çà et là d'herbes, de plantes grimpantes et même de petits arbres. L'ogive s'y marie au plein-cintre. Les nefs latérales, moins endommagées et encore voûtées, sont décorées de peintures murales ; on distingue un Daniel à peu près intact.

La tour centrale est abattue, à la réserve du mur occidental de la lanterne, lequel est flanqué d'une tourelle. Dans le transept nord, une fosse à demi comblée est le tombeau d'Agnès Sorel.

Tout le reste de l'église a été détruit : seuls, des tronçons de colonnes et des fragments de murailles, perçant à peine au dessus de la verdure, marquent l'emplacement du chœur avec ses chapelles latérales, et de la chapelle de la

Sainte-Vierge. Du chevet de l'édifice, la vue en se reportant vers les tours contemple une végétation fraîche et puissante, au milieu de la désolation des ruines.

Dans l'église S.-Pierre, beaucoup moins grande que la précédente, on remarque au premier étage une petite pièce dite *chambre de S.-Philibert*.

La salle du Chapitre, située entre les deux églises, contient des tombeaux entr'ouverts et des cercueils en pierre.

Les ruines d'un quatrième édifice appartiennent à la salle des gardes de Charles VII ; on y voit les débris de l'horloge de l'abbaye.

Après la Révolution, Jumièges eut à choisir pour église paroissiale soit l'ancienne église du village, soit celle des moines. Un semblable choix proposé à S.-Georges-de-Bocherville procura la préservation de notre plus belle basilique romane ; ici au contraire, la prévision des frais considérables d'entretien fit préférer malheureusement et bien à tort l'ancien et informe édifice paroissial.

Les splendides constructions monastiques furent donc abandonnées à la merci d'une foule avide qui s'y rua comme à une carrière, pour en arracher les matériaux de vulgaires bâtisses. Des voyageurs anglais, entaillant les murs, en avaient enlevé dans leur île les pierres les plus richement sculptées. Ainsi la main des hommes, plutôt que les pluies et les ouragans, a mutilé ces merveilles architecturales, pour la conservation desquelles notre génération prodiguerait ses soins et son or.

Le logement du portier est devenu, par des additions dans le style du XIV° siècle, la maison du propriétaire actuel, et renferme un musée (ordinairement fermé au public) riche en objets intéressants, recueillis en très grande partie dans les ruines de l'abbaye et aussi à Clères et au Mont-Cauvaire. Certaines pièces datent du XI° siècle.

L'entrée de l'abbaye est aussi transformée en un musée lapidaire, accessible à tous les visiteurs. On y remarque le tombeau des *Enervés*, la dalle tumulaire d'Agnès Sorel et d'autres magnifiques pierres sépulcrales du XV° siècle.

Une maison voisine du passage, et dont les appartements sont voûtés, passe pour avoir servi de cave aux religieux.

Le chartrier de l'abbaye forme le plus riche fonds des archives départementales. Outre plusieurs cartulaires, dont deux du XIII° siècle, on y voit des plans, des registres et près de 3,000 chartes. Une *Histoire de l'abbaye* (ms., 1772), peut-être de D. Dubust, se garde à Jumiéges.

Jumiéges, comme Vatteville et d'autres villages, eut au XVI° siècle de nombreux armateurs ou approvisionneurs de navires.

Hameaux. — Conihout, 224 hab. — Les Fontaines, 18. — Les Hameaux, 35. — Le Passage, 94. — Le Sablon, 349.

FIN

Extrait de la Géographie de la Seine-Inférieure.

PROPRIETÉ

DE LA

FABRIQUE DE L'ÉGLISE DE JUMIÉGES

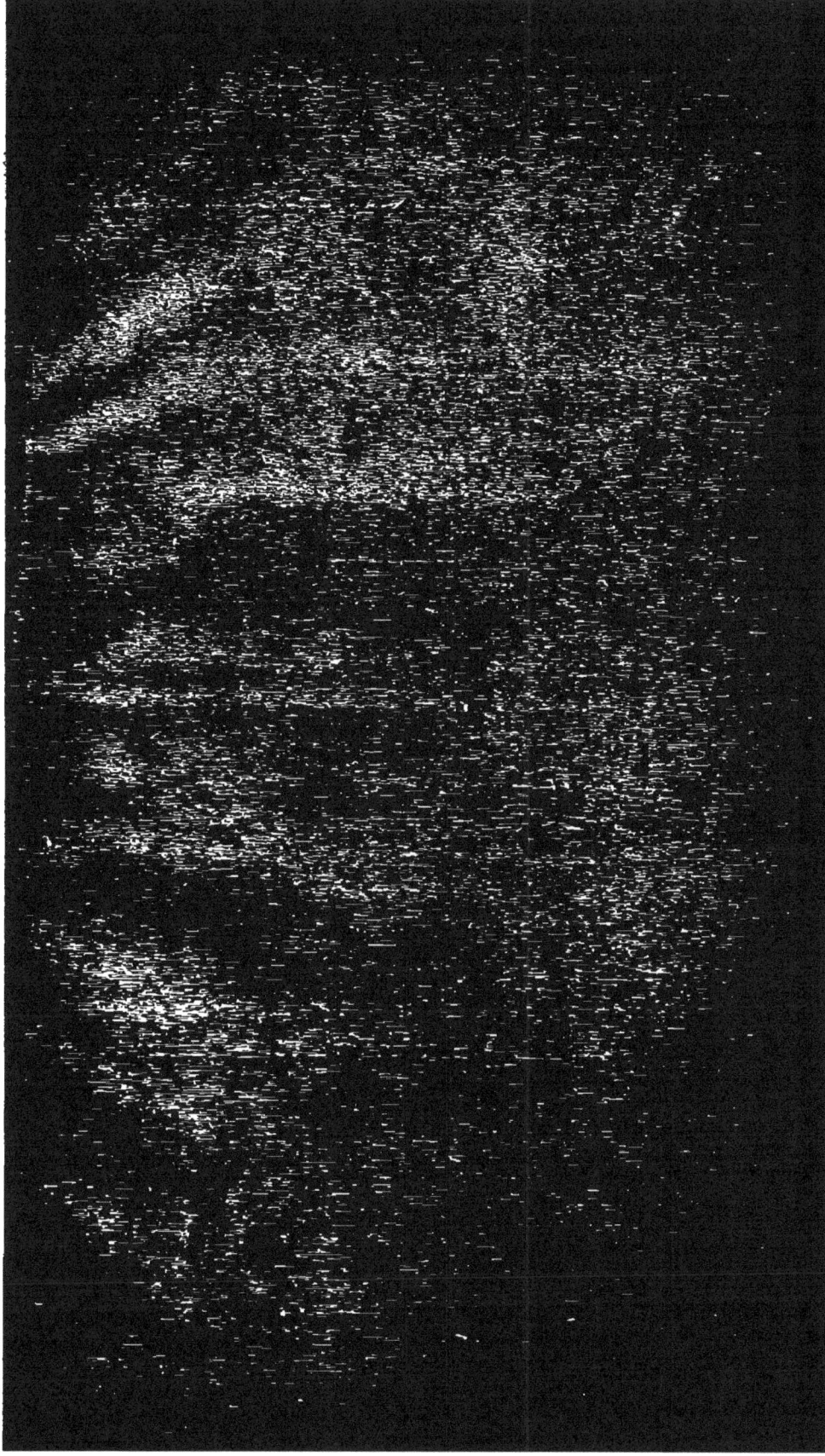

DU MÊME AUTEUR.

GÉOGRAPHIE
DE LA SEINE-INFÉRIEURE

7 vol. in-8°, avec 5 cartes et 28 gravures.

INTRODUCTION. — Histoire générale, — Topographie, — Statistique, — Divisions administratives. — 1 volume.

ARRONDISSEMENT DE ROUEN,   1 volume.
—   DE DIEPPE,   1 —
—   DU HAVRE,   1 —
—   DE NEUFCHATEL, 1 —
—   D'YVETOT,   1 —

COMPLÉMENT. — Biographie, — Bibliographie, Archéologie, — Supplément, — Table générale des Communes et des Hameaux. — 1 volume.

www.ingramcontent.com/pod-product-compliance
Lightning Source LLC
Chambersburg PA
CBHW061004050426
42453CB00009B/1254